LOI

RELATIVE

AU CONTRAT D'ASSOCIATION

TEXTE DE LA LOI DU 1er JUILLET 1901

ARRETÉ MINISTÉRIEL DU 1er JUILLET 1901

RÈGLEMENT D'ADMINISTRATION PUBLIQUE
DU 16 AOUT 1901

CIRCULAIRE DE M. LE GARDE DES SCEAUX
DU 24 SEPTEMBRE 1901

VERSAILLES

IMPRIMERIE HENRY LEBON

17, RUE DU POTAGER, 17

—

1901

TABLE DES MATIÈRES

LOI DU 1ᵉʳ JUILLET 1901

TITRE PREMIER

Article premier. — L'association est la convention par laquelle deux ou plusieurs personnes mettent en commun d'une façon permanente leurs connaissances ou leur activité dans un but autre que de partager des bénéfices. Elle est régie, quant à sa validité, par les principes généraux du droit applicables aux contrats et obligations.

Art. 2. — Les associations de personnes pourront se former librement sans autorisation ni déclaration préalable, mais elles ne jouiront de la capacité juridique que si elles se sont conformées aux dispositions de l'article 5.

Art. 3. — Toute association fondée sur une cause ou en vue d'un objet illicite, contraire aux lois, aux bonnes mœurs, ou qui aurait pour but de porter atteinte à l'intégrité du territoire national et à la forme républicaine du Gouvernement, est nulle et de nul effet.

Art. 4. — Tout membre d'une association qui n'est pas formée pour un temps déterminé peut s'en retirer en tout temps, après payement des cotisations échues et de l'année courante, nonobstant toute clause contraire.

Art. 5. — Toute association qui voudra obtenir la capacité juridique prévue par l'article 6, devra être rendue publique par les soins de ses fondateurs.

La déclaration préalable en sera faite à la préfecture du département ou à la sous-préfecture de l'arrondissement où l'association aura son siège social. Elle fera connaître le titre et l'objet de l'association, le siège de ses établissements, et les noms, professions et domiciles de ceux qui, à un titre quelconque, sont chargés de son administration ou de sa direction. Il en sera donné récépissé.

Deux exemplaires des statuts seront joints à la déclaration.

Les associations sont tenues de faire connaître, dans les trois mois, tous les changements survenus dans leur administration ou direction, ainsi que toutes les modifications apportées à leurs statuts.

Ces modifications et changements ne sont opposables aux tiers qu'à partir du jour où ils auront été déclarés.

Les modifications et changements seront en outre consignés sur un registre spécial qui devra être présenté aux autorités administratives ou judiciaires chaque fois qu'elles en feront la demande.

ART. 6. — Toute association régulièrement déclarée peut, sans aucune autorisation spéciale, ester en justice, acquérir à titre onéreux, posséder et administrer, en dehors des subventions de l'Etat, des départements et des communes :

1° Les cotisations de ses membres ou les sommes au moyen desquelles ces cotisations ont été rédimées, ces sommes ne pouvant être supérieures à cinq cents francs (5oo fr.) ;

2° Le local destiné à l'administration de l'association et à la réunion de ses membres ;

3° Les immeubles strictement nécessaires à l'accomplissement du but qu'elle se propose.

ART. 7. — En cas de nullité prévue par l'article 3, la dissolution de l'association sera prononcée par le tribunal civil, soit à la requête de tout intéressé, soit à la diligence du ministère public.

En cas d'infraction aux dispositions de l'article 5, la dissolution pourra être prononcée à la requête de tout intéressé ou du ministère public.

Art. 8. — Seront punis d'une amende de seize à deux cents francs (16 à 200 fr.) et, en cas de récidive, d'une amende double, ceux qui auront contrevenu aux dispositions de l'article 5.

Seront punis d'une amende de seize à cinq mille francs (16 à 5,000 fr.) et d'un emprisonnement de six jours à un an, les fondateurs, directeurs ou administrateurs de l'association qui se serait maintenue ou reconstituée illégalement après le jugement de dissolution.

Seront punies de la même peine, toutes les personnes qui auront favorisé la réunion des membres de l'association dissoute en consentant l'usage d'un local dont elles disposent.

Art. 9. — En cas de dissolution volontaire, statutaire ou prononcée par justice, les biens de l'association seront dévolus conformément aux statuts, ou, à défaut de disposition statutaire, suivant les règles déterminées en assemblée générale.

TITRE II

Art. 10. — Les associations peuvent être reconnues d'utilité publique par décrets rendus en la forme des règlements d'administration publique.

Art. 11. — Ces associations peuvent faire tous les actes de la vie civile qui ne sont pas interdits par leurs statuts, mais elles ne peuvent posséder ou acquérir d'autres immeubles que ceux nécessaires au but qu'elles se proposent. Toutes les valeurs mobilières d'une association doivent être placées en titres nominatifs.

Elles peuvent recevoir des dons et des legs dans les conditions prévues par l'article 910 du Code civil et l'article 54 de la loi du 4 février 1901. Les immeubles compris dans un acte de donation ou dans une disposition testamentaire qui ne seraient pas nécessaires au fonctionnement de l'association sont aliénés dans les délais et dans la forme prescrits par le décret ou l'arrêté qui autorise l'acceptation de la libéralité; le prix en est versé à la caisse de l'association.

Elles ne peuvent accepter une donation mobilière ou immobilière avec réserve d'usufruit au profit du donateur.

ART. 12. — Les associations composées en majeure partie d'étrangers, celles ayant des administrateurs étrangers ou leur siège à l'étranger, et dont les agissements seraient de nature soit à fausser les conditions normales du marché des valeurs ou des marchandises, soit à menacer la sûreté intérieure ou extérieure de l'Etat, dans les conditions prévues par les articles 75 à 101 du Code pénal, pourront êtres dissoutes par décret du Président de la République rendu en conseil des ministres.

Les fondateurs, directeurs ou administrateurs de l'association qui se serait maintenue ou reconstituée illégalement après le décret de dissolution seront punis des peines portées par l'article 8, paragraphe 2.

TITRE III

ART. 13. — Aucune Congrégation religieuse ne peut se former sans une autorisation donnée par une loi qui déterminera les conditions de son fonctionnement.

Elle ne pourra fonder aucun nouvel établissement qu'en vertu d'un décret rendu en Conseil d'Etat.

La dissolution de la Congrégation ou la fermeture de tout établissement pourront être prononcées par décret rendu en conseil des ministres.

ART. 14. — Nul n'est admis à diriger, soit directement, soit par personne interposée, un établissement d'enseignement, de quelque ordre qu'il soit, ni à y donner l'enseignement, s'il appartient à une Congrégation religieuse non autorisée.

Les contrevenants seront punis des peines prévues par l'article 8, paragraphe 2. La fermeture de l'établissement pourra, en outre, être prononcée par le jugement de condamnation.

Art. 15. — Toute Congrégation religieuse tient un état de ses recettes et dépenses ; elle dresse chaque année le compte financier de l'année écoulée et l'état inventorié de ses biens, meubles et immeubles.

La Liste complète de ses membres, mentionnant leur nom patronymique, ainsi que le nom sous lequel ils sont désignés dans la Congrégation, leurs nalionalité, âge et lieu de naissance, la date de leur entrée, doit se trouver au siège de la Congrégation.

Celle-ci est tenue de représenter sans déplacement, sur toute réquisition du préfet, à lui-même ou à son délégué, les comptes, états et listes ci-dessus indiqués.

Seront punis des peines portées au paragraphe 2 de l'article 8 les représentants ou directeurs d'une Congrégation qui auront fait des communications mensongères ou refusé d'obtempérer aux réquisitions du préfet dans les cas prévus par le présent article.

Art. 16. — Toute Congrégation formée sans autorisation sera déclarée illicite.

Ceux qui en auront fait partie seront punis des peines édictées à l'article 8, paragraphe 2.

La peine applicable aux fondateurs ou administrateurs sera portée au double.

Art. 17. — Sont nuls tous actes entre vifs ou testamentaires, à titre onéreux ou gratuit, accomplis soit directement soit par personne interposée, ou toute autre voie indirecte, ayant pour objet de permettre aux associations légalement ou illégalement formées de se soustraire aux dispositions des articles 2, 6, 9, 11, 13, 14 et 16.

Sont légalement présumées personnes interposées au profit des Congrégations religieuses, mais sous réserve de la preuve contraire :

1° Les associés à qui ont été consentis des ventes ou fait des dons ou legs, à moins, s'il s'agit de dons ou legs, que le bénéficiaire ne soit l'héritier en ligne directe du disposant ;

2° L'associé ou la société civile ou commerciale composée en tout ou partie de membres de la Congrégation, propriétaire de tout immeuble occupé par l'association ;

3° Le propriétaire de tout immeuble occupé par l'association, après qu'elle aura été déclarée illicite.

La nullité pourra être prononcée, soit à la diligence du ministère public, soit à la requête de tout intéressé.

ART. 18.— Les Congrégations existantes au moment de la promulgation de la présente loi, qui n'auraient pas été antérieurement autorisées ou reconnues, devront, dans le délai de trois mois, justifier qu'elles ont fait les diligences nécessaires pour se conformer à ses prescriptions.

A défaut de cette justification, elle sont réputées dissoutes de plein droit. Il en sera de même des Congrégations auxquelles l'autorisation aura été refusée.

La liquidation des biens détenus par elles aura lieu en justice. Le tribunal, à la requête du ministère public, nommera, pour y procéder, un liquidateur qui aura pendant toute la durée de la liquidation tous les pouvoirs d'un administrateur séquestre.

Le jugement ordonnant la liquidation sera rendu public dans la forme prescrite pour les annonces légales.

Les biens et valeurs appartenant aux membres de la Congrégation antérieurement à leur entrée dans la Congrégation, ou qui leur seraient échus depuis, soit par succession *ab intestat,* en ligne directe ou collatérale, soit par donation ou legs en ligne directe, leur seront restitués.

Les dons et legs qui leur auraient été faits autrement

qu'en ligne directe pourront être également revendiqués, mais à charge par les bénéficiaires de faire la preuve qu'ils n'ont pas été les personnes interposées prévues par l'article 17.

Les biens et valeurs acquis à titre gratuit et qui n'auraient pas été spécialement affectés par l'acte de libéralité à une œuvre d'assistance pourront être revendiqués par le donateur, ses héritiers ou ayants-droit ou par les héritiers ou ayants-droit du testateur, sans qu'il puisse leur être opposé aucune prescription pour le temps écoulé avant le jugement prononçant la liquidation.

Si les biens et valeurs ont été donnés ou légués en vue de gratifier non les Congréganistes, mais de pourvoir à une œuvre d'assistance, ils ne pourront être revendiqués qu'à charge de pourvoir à l'accomplissement du but assigné à la libéralité.

Toute action en reprise ou revendication devra, à peine de forclusion, être formée contre le liquidateur dans le délai de six mois à partir de la publication du jugement. Les jugements rendus contradictoirement avec le liquidateur et ayant acquis l'autorité de la chose jugée, sont opposables à tous les intéressés.

Passé le délai de six mois, le liquidateur procédera à la vente en justice de tous les immeubles qui n'auraient pas été revendiqués ou qui ne seraient pas affectés à une œuvre d'assistance.

Le produit de la vente, ainsi que toutes les valeurs mobilières sera déposé à la caisse des dépôts et consignations.

L'entretien des pauvres hospitalisés sera, jusqu'à l'achèvement de la liquidation, considéré comme frais privilégiés de liquidation.

S'il n'y a pas de contestation ou lorsque toutes les actions formées dans le délai prescrit auront été jugées, l'actif net est réparti entre les ayants-droit.

Le règlement d'administration publique, visé par l'article 20 de la présente loi déterminera, sur l'actif resté libre après le prélèvement ci-dessus prévu, l'allocation, en capital ou sous forme de rente viagère, qui sera attribuée aux membres de la Congrégation dissoute qui n'auraient pas de moyens d'existence assurés ou qui justifieraient avoir contribué à l'acquisition des valeurs mises en distribution par le produit de leur travail personnel.

ART. 19. — Les dispositions de l'article 463 du code pénal sont applicables aux délits prévus par la présente loi.

ART. 20. — Un règlement d'administration publique déterminera les mesures propres à assurer l'exécution de la présente loi.

ART. 21. — Sont abrogés les articles 291, 292, 293 du code pénal, ainsi que les dispositions de l'article 294 du même code, relatives aux associations ; l'article 20 de l'ordonnance du 5-8 juillet 1820 ; la loi du 10 avril 1834 ; l'article 13 du décret du 28 juillet 1848 ; l'article 7 de la loi du 30 juin 1881 ; la loi du 14 mars 1872 ; le paragraphe 2, article 2, de la loi du 24 mai 1825 ; le décret du 31 janvier 1852 et généralement toutes les dispositions contraires à la présente loi.

Il n'est en rien dérogé pour l'avenir aux lois spéciales relatives aux syndicats professionnels, aux sociétés de commerce et aux sociétés de secours mutuels.

Fait à Paris, le 1ᵉʳ juillet 1901.

Emile LOUBET.

Par le Président de la République :
Le Président du Conseil,
Ministre de l'Intérieur et des Cultes,

WALDECK-ROUSSEAU.

ARRÊTÉ MINISTÉRIEL

Le président du Conseil, ministre de l'intérieur et des cultes,

Vu l'article 13 de la loi du 1er juillet 1901 ;

Considérant que s'il appartient aux Chambres seules d'autoriser une Congrégation, il convient de fixer les justifications essentielles à l'instruction des demandes qui seront adressées au Gouvernement pour être soumises au Parlement,

ARRÊTE :

ARTICLE PREMIER. — Les directeurs ou administrateurs des Congrégations déjà existantes, les fondateurs, s'il s'agit d'une Congrégation nouvelle, adresseront au ministre de l'intérieur la demande tendant à obtenir l'autorisation prévue par l'article 13 ci-dessus visé.

ART. 2. — A cette demande ils joindront : 1° deux exemplaires certifiés conformes des statuts de la Congrégation ; 2° un état de ses biens, meubles et immeubles, ainsi que des ressources consacrées à la fondation ou à l'entretien de ses établissements ; 3° un état de tous les membres de la Congrégation, indiquant leur nom patronymique, celui sous lequel ils sont connus dans la Congrégation, leur nationalité, leur âge et lieu de naissance, et, s'il s'agit d'une Congrégation déjà formée, la date de leur entrée.

ART. 3. — Les statuts devront faire connaître notamment l'objet assigné à la Congrégation ou à ses établissements, son siège principal et celui des établissements qu'elle aurait formés ou se proposerait actuellement de former, les noms de ses administrateurs ou directeurs.

Ils devront contenir l'engagement par la Congrégation et par ses membres de se soumettre à la juridiction de l'Ordinaire du lieu.

ART. 4. — Il devra être justifié de l'approbation des statuts par l'évêque de chaque diocèse où se trouvent des établissements de la Congrégation.

ART. 5. — Sur le vu de ces justifications, il est procédé à l'instruction de la demande par les soins du ministre de l'intérieur et des cultes.

ART. 6. — Un récépissé des pièces énumérées au présent arrêté est délivré au moment de leur dépôt. Il fixe la date de l'accomplissement des formalités prévues par l'article 18, paragraphe 1er. Les modifications aux statuts, proposées au cours de l'instruction, ne comporteront pas de nouvelles demandes à faire d'autorisation.

ART. 7. — Le directeur général des cultes est chargé de l'exécution du présent arrêté.

Paris, le 1er juillet 1901.

WALDECK-ROUSSEAU.

Règlement d'Administration publique du 16 Août 1901

MINISTÈRE DE L'INTÉRIEUR ET DES CULTES

Rapport au Président de la République française.

Monsieur le Président,

L'article 20 de la loi du 1er juillet 1901, relative au contrat d'association est ainsi conçu :

« Un règlement d'administration publique déterminera les mesures propres à assurer l'exécution de la présente loi. »

D'autre part, l'article 18 de la même loi contient, dans son dernier paragraphe, la disposition suivante :

« Le règlement d'administration publique visé par

l'article 20 de la présente loi déterminera, sur l'actif resté libre, après le prélèvement ci-dessus prévu, l'allocation en capital ou sous forme de rentes viagères qui sera attribué aux membres de la Congrégation dissoute qui n'auraient pas de moyens d'existence assurés ou qui justifieraient avoir contribué à l'acquisition des valeurs mises en distribution par le produit de leur travail personnel. »

Dans le but d'assurer, le plus rapidement possible, l'exécution de ces dispositions, dès le 28 juin dernier, par un arrêté inséré au *Journal officiel* du 30, j'ai institué une commission spéciale chargée de rechercher les bases du règlement d'administration publique dont il s'agit.

Cette commission a élaboré deux projets de décrets qui ont été ensuite soumis aux délibérations du Conseil d'Etat. Ce sont ces deux projets, tels qu'ils sont sortis de ces délibérations, que j'ai l'honneur, Monsieur le Président, de présenter à votre haute approbation.

Ces décrets sont relatifs, l'un à l'application générale de la loi, l'autre à l'exécution de l'article 18.

Le premier décret comprend trois titres consacrés aux associations, aux Congrégations religieuses et à leurs établissements, enfin aux dispositions générales et transitoires.

Le titre Ier vise les associations.

La loi du 1er juillet 1901 reconnaît trois sortes d'associations :

1° Les associations constituées en vertu de l'article 2, par le simple accord des parties ;

2° Les associations qui, désirant obtenir la capacité juridique prévue par l'article 6, ont souscrit une déclaration préalable ;

3° Les associations qui, désirant obtenir une capacité juridique plus étendue, demandent la reconnaissance d'utilité publique.

Le règlement n'a pas à s'occuper des associations rentrant dans la première catégorie : la loi ne les soumet, en effet, à aucune espèce de formalités.

En ce qui concerne les associations déclarées, elles font l'objet du chapitre 1er. Le décret détermine qui sera chargé de faire la déclaration, dans quel délai et de quelle façon ellè sera rendue publique, ce qu'elle devra mentionner, par qui sera délivré et ce que devra contenir le récépissé, etc., etc. Il indique également quelles sont les formalités que devront remplir les unions d'associations.

Le chapitre ii, consacré aux associations reconnues d'utilité publique, trace la procédure qui sera suivie tant pour l'introduction que pour l'instruction des demandes.

Enfin, un dernier chapitre fixe les conditions dans lesquelles il sera procédé, à défaut de dispositions statutaires, à la liquidation et à la dévolution des biens des associations déclarées ou reconnues d'utilité publique, en cas de dissolution.

Le titre II traite, dans un premier chapitre, des Congrégations religieuses pour l'autorisation desquelles une loi est nécessaire, et, dans un deuxième chapitre, de leurs établissements pour l'autorisation desquels un décret suffit.

Les articles 16, 17, 18, 19 et 20, qui forment la 1re section du chapitre 1er, sont relatifs aux demandes en autorisation et règlent la nature des justifications à produire.

Le Conseil d'Etat a pensé qu'une distinction était nécessaire suivant que la demande serait formée dans le délai de trois mois fixé par l'article 18 de la loi et selon toute probabilité par des Congrégations déjà existantes ou qu'elle se produirait après ce délai et émanerait dès lors d'une Congrégation nouvelle. Dans le premier cas, la procédure de la demande en autorisation continue d'être réglée par les dispositions de l'arrêté ministériel du 1er juillet. Elle comporte une demande signée des administrateurs ou fondateurs, la production en double exemplaire des statuts certifiés conformes par les signataires de la demande, un état des biens meubles ou immeubles destinés à former le patrimoine de la Congrégation, l'état des membres de la Congrégation, leur nom patronymique, celui sous lequel ils sont connus dans la Congrégation, leurs nationalité, âge, lieu de naissance, la date de leur entrée dans la Congrégation.

Les statuts devront contenir les dispositions dont l'énoncé a toujours été jugé strictement indispensable, c'est-à-dire l'objet de la Congrégation et, s'il n'est pas identiquement le même, celui de chacun de ses établissements, son siège principal, celui des établissements qu'elle a formés ou qu'elle se propose de former, les noms des administrateurs ou directeurs, l'engagement pris par la Congrégation et par ses membres de se soumettre à la juridiction de l'Ordinaire du lieu. Enfin la demande d'autorisation doit être accompagnée de l'approbation des statuts par l'évêque de chaque diocèse où se trouvent les établissements de la Congrégation.

Dans le second cas, la demande devra contenir, outre les justifications précédentes, d'autres indications qui ont paru devoir être exigées des Congrégations nouvelles auxquelles aucun délai n'est assigné pour se mettre en instance. Si l'un de ses membres a appartenu précédemment à une autre Congrégation, il doit être fait mention du titre et de l'objet de cette Congrégation, des dates d'entrée et de sortie et du nom sous lequel la personne y était connue.

Les statuts doivent indiquer les conditions d'admission exigées des membres de la Congrégation, la nature de ses recettes, les actes de la vie civile que la Congrégation pourra accomplir avec ou sans autorisation, sous réserve des dispositions de l'article 4 de la loi du 24 mai 1825. Enfin les statuts devront contenir les mêmes indications et engagements que ceux des associations reconnues d'utilité publique, sous réserve des dispositions de l'article 7 de la même loi.

La section 2 (art. 21) trace les règles suivant lesquelles les demandes seront instruites.

Le Conseil d'Etat a pensé qu'il était nécessaire de maintenir l'avis préalable du conseil municipal, déjà exigé par l'article 3 de la loi du 24 mai 1825, et, d'autre part, de soumettre toutes les demandes d'autorisation au Parlement, sauf au Gouvernement à proposer, s'il y a lieu, le rejet de cette demande. Il a paru, en effet, que, dans l'esprit de la loi, le pouvoir législatif est seul qualifié pour statuer sur une demande d'autorisation de Congrégation soit dans un sens, soit dans l'autre.

Le chapitre II traite des établissements dépendant d'une Congrégation religieuse autorisée, et pour lesquels, par conséquent, l'autorisation est donnée non plus par une loi, mais par un décret.

Les articles 22 et 23 déterminent les règles à suivre pour l'introduction des demandes et énumère les pièces à produire par les intéressés. Les pièces, ainsi que la demande, doivent être adressées au ministre de l'intérieur, qui en délivre récépissé.

L'article 24 laisse au ministre de l'intérieur le soin de procéder à l'instruction et stipule que les conditions spéciales de fonctionnement de l'établissement seront réglées par le décret d'autorisation.

Le chapitre III renferme des dispositions communes aux Congrégations religieuses et à leurs établissements, qui ne donnent lieu à aucune observation spéciale.

Le titre III et dernier du premier décret contient des dispositions d'ordre général et transitoire. L'article 29 se réfère à l'enseignement. Il prévoit la tenue, dans les

établissements d'enseignement privé d'un registre spécial destiné à recevoir, sur les maîtres et employés de
ces établissements, des renseignements de nature à
assurer l'application de l'article 14 de la loi.

Ce règlement d'administration publique, comme
celui qui vise spécialement l'article 18 de la loi, ne
pouvait envisager que les mesures propres à assurer
en France l'exécution de la loi. Il résulte en effet des
débats qui ont eu lieu dans les deux Chambres qu'elle
n'est applicable de plein droit qu'à la métropole, à
l'exclusion des colonies et des pays de juridiction, et
l'on aperçoit facilement qu'une seule et même procédure ne pourrait être tracée à l'avance en vue d'une
application qui devra tenir compte d'organisations
administratives très différentes et de milieux très divers.

Le second décret a pour but spécial d'assurer l'exécution de l'article 18 de la loi du 1er juillet 1901. Il a
paru préférable, en effet, de grouper dans un décret
spécial toutes les dispositions relatives à la liquidation
tant des biens détenus par les Congrégations non autorisées, et réputées dissoutes de plein droit dans les
termes de la loi, que des allocations attribuées aux
membres de ces Congrégations.

Le chapitre 1er, relatif à la liquidation des biens,
trace les règles concernant la publicité du jugement
qui a nommé le liquidateur, l'apposition et la levée, des
scellés, s'il y a lieu, l'inventaire des biens, le payement
des dettes et des frais de la liquidation.

Le chapitre II fixe la procédure relative à la liquidation des allocations attribuées aux membres des Congrégations non autorisées dans les condition prévues
par l'article 18, paragraphe 14, de la loi. C'est au
ministre de l'intérieur que les intéressés doivent adres-
ser leur demande ; il en est donné récépissé. L'article 8
charge le préfet de prendre l'avis de l'évêque, du directeur des domaines et du liquidateur, et confie dans

chaque département au vice-président du Conseil de préfecture, le soin de vérifier et de compléter l'instruction, s'il y a lieu, et de formuler ses propositions.

Les articles 9 et suivants règlent les conditions dans lesquelles le ministre de l'intérieur, après avis du ministre des finances et de la section des finances du Conseil d'Etat, fixe et notifie à chaque intéressé le montant de la somme qui lui est attribuée à titre d'allocation, le montant de celle qui lui est attribuée à titre de provision, le mode de règlement soit en capital, soit en rentes viagères.

Si vous voulez bien, Monsieur le Président, approuver les dispositions ainsi arrêtées par le Conseil d'Etat, je vous serai très obligé de revêtir de votre signature les deux projets de décret qui accompagnent le présent rapport.

Veuillez agréer, Monsieur le Président, l'hommage de mon profond respect.

Le ministre de l'instruction publique et des beaux-arts, chargé par intérim du ministère de l'intérieur et des cultes,

Georges LEYGUES.

Le Président de la République française,

Sur le rapport du ministère de l'Intérieur,

Vu la loi du 1ᵉʳ juillet 1901, relative au contrat d'association, et notamment l'article 20 ainsi conçu : « Un règlement d'administration publique déterminera les mesures propres à assurer l'exécution de la présente loi » ;

Vu les articles 4 et 7 de la loi du 24 mai 1825 ;

Vu l'arrêté ministériel du 1ᵉʳ juillet 1901 ;

Vu l'avis du ministre de l'Instruction publique;

Le Conseil d'Etat entendu,

Décrète :

TITRE Ier

Des Associations.

CHAPITRE Ier

Associations déclarées.

ARTICLE PREMIER. — La déclaration prévue par l'article 5, paragraphe 2, de la loi du 1er juillet 1901 est faite par ceux qui, à un titre quelconque, sont chargés de l'administration ou de la direction de l'association.

Dans le délai d'un mois, elle est rendue publique par leurs soins, au moyen de l'insertion au *Journal officiel* d'un extrait contenant la date de la déclaration, le titre et l'objet de l'association, ainsi que l'indication de son siège social.

L'extrait est reproduit par les soins du préfet au Recueil des actes administratifs de la préfecture.

ART. 2. — Toute personne a droit de prendre communication sans déplacement, au secrétariat de la préfecture ou de la sous-préfecture, des statuts et déclarations, ainsi que des pièces faisant connaître les modifications de statuts et les changements survenus dans l'administration ou la direction. Elle peut même s'en faire délivrer à ses frais expédition ou extrait.

ART. 3. — Les déclarations relatives aux changements survenus dans l'administration ou la direction de l'association mentionnent :

1° Les changements de personnes chargées de l'administration ou de la direction ;

2° Les nouveaux établissements fondés ;

3° Le changement d'adresse dans la localité où est situé le siège social ;

4° Les acquisitions ou aliénations du local et des immeubles spécifiés à l'article 6 de la loi du 1er juillet

1901 ; un état descriptif, en cas d'acquisition, et l'indication des prix d'acquisition ou d'aliénation doivent être joints à la déclaration.   -

ART. 4. — Pour le département de la Seine, les déclarations et les dépôts de pièces annexées sont faits à la préfecture de police.

ART. 5. — Le récépissé de toute déclaration contient l'énumération des pièces annexées ; il est daté et signé par le préfet ou son délégué ou par le sous-préfet.

ART. 6. — Les modifications apportées aux statuts et les changements survenus dans l'administration ou la direction de l'association sont transcrits sur un registre tenu au siège de toute association déclarée ; les dates des récépissés relatifs aux modifications et changements sont mentionnées au registre.

La présentation du dit registre aux autorités administratives ou judiciaires, sur leur demande, se fait sans déplacement au siège social.

ART. 7. — Les unions d'associations ayant une administration ou une direction centrale sont soumises aux dispositions qui précèdent. Elles déclarent, en outre, le titre, l'objet et le siège des associations qui les composent. Elles font connaître dans les trois mois les nouvelles associations adhérentes.

CHAPITRE II

Associations reconnues d'utilité publique.

ART. 8. — Les associations qui sollicitent la reconnaissance d'utilité publique doivent avoir rempli au préalable les formalités imposées aux associations déclarées.

ART. 9. — La demande en reconnaissance d'utilité publique est signée de toutes les personnes déléguées à cet effet par l'assemblée générale.

ART. 10. — Il est joint à la demande :

1° Un exemplaire du *Journal officiel* contenant l'extrait de la déclaration ;

2° Un exposé indiquant l'origine, le développement, le but d'intérêt public de l'œuvre ;

3° Les statuts de l'association en double exemplaire ;

4° La liste de ses établissements avec indication de leur siège ;

5° La liste des membres de l'association avec l'indication de leur âge, de leur nationalité, de leur profession et de leur domicile, ou, s'il s'agit d'une union, la liste des associations qui la composent avec l'indication de leur titre, de leur objet et de leur siège ;

6° Le compte financier du dernier exercice ;

7° Un état de l'actif mobilier et immobilier et du passif ;

8° Un extrait de la délibération de l'assemblée générale autorisant la demande en reconnaissance d'utilité publique.

Ces pièces sont certifiées sincères et véritables par les signataires de la demande.

ART. 11. — Les statuts contiennent :

1° L'indication du titre de l'association, de son objet, de sa durée et de son siège social ;

2° Les conditions d'admission et de radiation de ses membres ;

3° Les règles d'organisation et de fonctionnement de l'association et de ses établissements, ainsi que la détermination des pouvoirs conférés aux membres chargés de l'administration ou de la direction, les conditions de modification des statuts et de la dissolution de l'association ;

4° L'engagement de faire connaître tous les trois mois, à la préfecture ou à la sous-préfecture, tous les changements survenus dans l'administration ou la direction et de présenter sans déplacement les registres et pièces de comptabilité sur toute réquisition du préfet, à lui-même ou à son délégué ;

5° Les règles suivant lesquelles les biens seront dévolus en cas de dissolution volontaire, statutaire, prononcée en justice ou par décret ;

6° Le prix maximum des rétributions qui seront perçues à un titre quelconque dans les établissements de l'association où la gratuité n'est pas complète ;

ART. 12. — La demande est adressée au ministre de l'intérieur ; il en est donné récépissé daté et signé, avec indication des pièces jointes.

Le ministre fait procéder, s'il y a lieu, à l'instruction de la demande, notamment en provoquant l'avis du conseil municipal de la commune où l'association est établie et un rapport du préfet.

Après avoir consulté les ministres intéressés, il transmet le dossier au Conseil d'Etat.

ART. 13. — Une copie du décret de reconnaissance d'utilité publique est transmise au préfet ou au sous-préfet pour être jointe au dossier de la déclaration ; ampliation du décret est adressée par ses soins à l'association reconnue d'utilité publique.

CHAPITRE III

Dispositions communes aux associations déclarées et aux associations reconnues d'utilité publique.

ART. 14. — Si les statuts n'ont pas prévu les conditions de liquidation et de dévolution des biens d'une association en cas de dissolution, par quelque mode que ce soit, ou si l'assemblée générale qui a prononcé la dissolution volontaire n'a pas pris de décision à cet égard, le tribunal, à la requête du ministère public, nomme un curateur. Ce curateur provoque, dans le délai déterminé par le tribunal, la réunion d'une assemblée générale dont le mandat est uniquement de statuer sur la dévolution des biens ; il exerce les pouvoirs conférés par l'article 813 du Code civil aux curateurs des successions vacantes.

ART. 15. — Lorsque l'assemblée générale est appelée à se prononcer sur la dévolution des biens, quel que soit le mode de dévolution, elle ne peut, conformément aux dispositions de l'article 1ᵉʳ de la loi du 1ᵉʳ juillet 1901, attribuer aux associés, en dehors de la reprise des apports, une part quelconque des biens de l'association.

TITRE II

Des Congrégations religieuses et de leurs établissements.

CHAPITRE Iᵉʳ

Congrégations religieuses.

Section I. — Demandes en autorisation.

ART. 16. — Les demandes en autorisation adressées au Gouvernement, dans le délai de trois mois à partir de la promulgation de la loi du 1ᵉʳ juillet 1901, tant par des Congrégations existantes et non autorisées que par des personnes désirant fonder une Congrégation nouvelle, restent soumises aux dispositions de l'arrêté ministériel du 1ᵉʳ juillet 1901 susvisé.

Les demandes en autorisation adressées au Gouvernement après ce délai de trois mois, en vue de la fondation d'une Congrégation nouvelle, sont soumises aux conditions contenues dans les articles ci-après.

ART. 17. — La demande est adressée au ministre de l'intérieur. Elle est signée de tous les fondateurs et accompagnée des pièces de nature à justifier l'identité des signataires.

Il en est donné récépissé, daté et signé avec indication des pièces jointes.

ART. 18. — Il est joint à la demande :

1° Deux exemplaires du projet de statuts de la Congrégation ;

2° L'état des apports consacrés à la fondation de la Congrégation et des ressources destinées à son entretien ;

3° La liste des personnes qui, à un titre quelconque, doivent faire partie de la Congrégation et de ses établissements, avec indication de leurs nom, prénoms, âge, lieu de naissance et nationalité. Si l'une de ces personnes a fait antérieurement partie d'une autre Congrégation, il est fait mention sur la liste du titre, de l'objet et du siège de cette Congrégation, des dates d'entrée et de sortie et du nom sous lequel la personne y était connue.

Ces pièces sont certifiées sincères et véritables par l'un des signataires de la demande ayant reçu mandat des autres à cet effet.

ART. 19. — Les projets de statuts contiennent les mêmes indications et engagements que ceux des associations reconnues d'utilité publique, sous réserve des dispositions de l'article 7 de la loi du 24 mai 1825 sur la dévolution des biens en cas de dissolution.

L'âge, la nationalité, le stage et la contribution pécuniaire maximum exigée à titre de souscription, cotisation, pension ou dot, sont indiqués dans les conditions d'admission que doivent remplir les membres de la Congrégation.

Les statuts contiennent en outre :

1° La soumission de la Congrégation et de ses membres à la juridiction de l'Ordinaire ;

2° L'indication des actes de la vie civile que la Congrégation pourra accomplir avec ou sans autorisation, sous réserve des dispositions de l'article 4 de la loi du 24 mai 1825 ;

3° L'indication de la nature de ses recettes et de ses dépenses et la fixation du chiffre au-dessus duquel les sommes en caisse doivent être employées en valeurs nominatives et du délai dans lequel l'emploi devra être fait.

ART. 20. — La demande doit être accompagnée d'une déclaration par laquelle l'évêque du diocèse s'engage à prendre la Congrégation et ses membres sous sa juridiction.

Section 2. — Instruction des demandes.

ART. 21. — Le ministre fait procéder à l'instruction des demandes mentionnées en l'article 16 du présent règlement, notamment en provoquant l'avis du conseil municipal de la commune dans laquelle est établie ou doit s'établir la Congrégation et un rapport du préfet.

Après avoir consulté les ministres intéressés, il soumet au Parlement les projets de loi tendant soit à accorder, soit à refuser l'autorisation.

CHAPITRE II

Établissements dépendant d'une Congrégation religieuse autorisée.

Section 1. — Demandes en autorisation.

ART. 22. — Toute Congrégation déjà régulièrement autorisée à fonder un ou plusieurs établissements et qui veut en fonder un nouveau doit présenter une demande signée par les personnes chargées de l'administration ou de la direction de la Congrégation.

La demande est adressée au ministre de l'intérieur. Il en est donné récépissé daté et signé avec indication des pièces jointes.

ART. 23. — Il est joint à la demande :

1° Deux exemplaires des statuts de la Congrégation ;

2° Un état de ses biens meubles et immeubles, ainsi que de son passif ;

3° L'état des fonds consacrés à la fondation de l'établissement et des ressources destinées à son fonctionnement ;

4° La liste des personnes qui, à un titre quelconque, doivent faire partie de l'établissement (la liste est dressée conformément aux dispositions de l'article 18, 3°) ;

5° L'engagement de soumettre l'établissement et ses membres à la juridiction de l'Ordinaire du lieu.

Ces pièces sont certifiées sincères et véritables par l'un des signataires de la demande ayant reçu mandat des autres à cet effet.

La demande est accompagnée d'une déclaration par laquelle l'évêque du diocèse où doit être situé l'établissement s'engage à prendre sous sa juridiction cet établissement et ses membres.

Section 2. — Instruction des demandes.

ART. 24. — Le ministre fait procéder, s'il y a lieu, à l'instruction, notamment en provoquant l'avis du conseil municipal de la commune où l'établissement doit être ouvert et les rapports des préfets, tant du département où la Congrégation a son siège que de celui où doit se trouver l'établissement.

Le décret d'autorisation règle les conditions spéciales de fonctionnement de l'établissement.

CHAPITRE III

Dispositions communes aux Congrégations religieuses et à leurs établissements.

ART. 25. — En cas de refus d'autorisation d'une Congrégation ou d'un établissement, la décision est notifiée aux demandeurs par les soins du ministre de l'intérieur et par la voie administrative.

En cas d'autorisation d'une Congrégation, le dossier est retourné au préfet du département où la Congrégation a son siège.

En cas d'autorisation d'un établissement, le dossier est transmis au préfet du département où est situé l'établissement. Avis de l'autorisation est donné par le ministre au préfet du département où la Congrégation dont dépend l'établissement a son siège.

Ampliation de la loi ou du décret d'autorisation est transmise par le préfet aux demandeurs.

ART. 26. — Les Congrégations inscrivent sur des registres séparés les comptes, états et listes qu'elles sont obligées de tenir en vertu de l'article 15 de la loi du 1er juillet 1901.

TITRE III

Dispositions générales et dispositions transitoires.

ART. 27. — Chaque préfet consigne par ordre de date sur un registre spécial toutes les autorisations de tutelle ou autres qu'il est chargé de notifier et, quand ces autorisations sont données sous sa surveillance et son contrôle, il y mentionne expressément la suite qu'elles ont reçue.

ART. 28. — Les actions en nullité ou en dissolution formées d'office par le ministère public, en vertu de la loi du 1er juillet 1901, sont introduites au moyen d'une assignation donnée à ceux qui sont chargés de la direction ou de l'administration de l'association ou de la Congrégation.

Tout intéressé, faisant ou non partie de l'association ou de la Congrégation, peut intervenir dans l'instance.

ART. 29. — Dans tout établissement d'enseignement privé, de quelque ordre qu'il soit, relevant ou non d'une association ou d'une Congrégation, il doit être ouvert un registre spécial destiné à recevoir les nom, prénoms, nationalité, date et lieu de naissance des maîtres et employés, l'indication des emplois qu'ils occupaient précédemment et des lieux où ils ont résidé, ainsi que la nature et la date des diplômes dont ils sont pourvus.

Le registre est représenté sans déplacement aux autorités administratives, académiques ou judiciaires, sur toute réquisition de leur part.

ART. 30. — Les dispositions des articles 2 à 6 du présent règlement sont applicables aux associations reconnues d'utilité publique et aux Congrégations religieuses.

ART. 31. — Les registres prévus aux articles 6 et 26 sont cotés par première et par dernière et paraphés sur chaque feuille par le préfet ou son délégué ou par le sous-préfet, et le registre prévu à l'article 29 par l'inspecteur d'Académie ou son délégué. Les inscriptions sont faites de suite et sans aucun blanc.

ART. 32. — Pour les associations déclarées depuis la promulgation de la loi du 1er juillet 1901, le délai d'un mois prévu à l'article 1er du présent règlement ne court que du jour de la promulgation dudit règlement.

ART. 33. — Les associations ayant déposé une demande en reconnaissance d'utilité publique antérieurement au 1ᵉʳ juillet 1901 devront compléter les dossiers conformément aux dispositions des articles 10 et 11.

Toutefois, les formalités de déclaration et de publicité au *Journal officiel* ne seront pas exigées d'elles.

ART. 34. — Le ministre de l'intérieur est chargé de l'exécution du présent décret, qui sera publié au *Journal officiel* et inséré au *Bulletin des Lois*.

Fait à Rambouillet, le 16 août 1901.

Emile LOUBET.

Par le Président de la République :

Le ministre de l'instruction publique et des beaux-arts, chargé par intérim du ministère de l'intérieur et des cultes,

Georges LEYGUES.

———

Le Président de la République française,

Sur le rapport du ministre de l'intérieur,

Vu la loi du 1ᵉʳ juillet 1901, relative au contrat d'association, et notamment l'article 18, paragraphe 14, et l'article 20 ainsi conçus :

« ART. 18, § 14. — Le règlement d'administration publique visé par l'article 20 de la présente loi déterminera, sur l'actif resté libre après le prélèvement ci-dessus prévu, l'allocation, en capital ou sous forme de rente viagère, qui sera attribuée aux membres de la Congrégation dissoute qui n'auraient pas de moyens d'existence assurés ou qui justifieraient avoir contribué à l'acquisition des valeurs mises en distribution par le produit de leur travail personnel. »

. . . .

« ART. 20. — Un règlement d'administration publique déterminera les mesures propres à assurer l'exécution de la présente loi » ;

Vu l'article 1042 du Code de procédure civile et l'article 121 du décret du 18 juin 1811 ;

Vu l'avis du ministre des finances ;

Le Conseil d'Etat entendu,

Décrète :

CHAPITRE Ier

Liquidation des biens détenus par les Congrégations non autorisées.

ART. 1er. — Le ministère public assure, dans l'arrondissement où siège le tribunal, ainsi que dans chacun des arrondissements où sont situés des établissements de la Congrégation, la publicité du jugement qui a nommé le liquidateur.

ART. 2. — Le greffier du tribunal adresse sur-le-champ, au juge de paix du canton dans lequel la Congrégation dissoute a son siège et aux juges de paix des cantons dans lesquels sont situés les établissements de cette Congrégation, avis de la disposition du jugement si l'apposition des scellés a été ordonnée. Les juges de paix y procèdent sans retard.

ART. 3. — Dans les trois jours, le liquidateur requiert la levée des scellés et procède à l'inventaire des biens.

Dans la quinzaine de son entrée en fonctions, le liquidateur est tenu de remettre au procureur de la République de l'arrondissement dans lequel la Congrégation a son siège, un mémoire ou compte sommaire de l'actif et du passif de la Congrégation dissoute. Un double est en même temps adressé au directeur des domaines du département dans lequel est située la Congrégation.

S'il n'a pas été possible au liquidateur de remettre le mémoire dans le délai prescrit, il fait connaître au procureur de la République et au directeur des domaines les causes du retard.

ART. 4. — Lorsque les deniers détenus par la Congrégation dissoute ne peuvent suffire immédiatement aux frais du jugement nommant le liquidateur, de l'insertion de ce jugement dans les journaux, d'apposition de scellés, l'avance de ces frais est faite par le Trésor public. Ils sont payés, taxés et recouvrés conformément aux dispositions de l'article 121 du décret du 18 juin 1811.

ART. 5. — Le liquidateur dépose à la Caisse des dépôts et consignations le produit des ventes au fur et à mesure de leur réalisation. Il prélève sur les fonds déposés les sommes nécessaires pour payer les dettes et pourvoir aux frais de la liquidation.

La Caisse des dépôts et consignations est valablement libérée par les paiements qu'elle fait avec le consentement du liquidateur, mais elle ne peut solder les émoluments de celui-ci que sur le vu d'une décision judiciaire.

CHAPITRE II

Liquidation des allocations attribuées aux membres des Congrégations non autorisées.

ART. 6. — L'allocation attribuée, par application de la dernière disposition de l'article 18 de la loi du 1er juillet 1901, aux membres des Congrégations dissoutes, est établie de la manière suivante :

Si le membre de la Congrégation est dépourvu de moyens suffisants d'existence, l'allocation est égale au capital qu'il serait nécessaire d'aliéner, d'après les tarifs de la caisse nationale des retraites pour la vieillesse, en vue de constituer à son profit une rente annuelle et viagère calculée d'après ses besoins alimen=

taires, en tenant compte de son âge, de son état de santé et de ses ressources personnelles et sans que la quotité de cette rente puisse excéder 1.200 francs par an.

S'il a contribué par son travail à l'acquisition des valeurs mises en distribution, l'allocation est égale à la somme qu'il aurait pu économiser en vivant hors de la Congrégation, dans les conditions de tout travailleur libre, sans que l'évaluation de ce pécule puisse excéder 1.200 francs par an et donner lieu à aucun rappel d'intérêts.

S'il réunit les deux conditions exigées dans les paragraphes précédents, l'allocation est calculée sur la base qui lui est la plus favorable, et le maximum qu'elle comporte est élevé d'un tiers.

A moins de circonstances exceptionnelles, l'allocation est convertie par les soins de la Caisse des dépôts et consignations en une rente annuelle et viagère, incessible et insaisissable, servie par une compagnie d'assurances désignée par l'intéressé.

ART. 7. — Tout membre d'une Congrégation prétendant à une allocation doit former sa demande dans le délai de six mois à dater de la publication du jugement nommant le liquidateur.

Cette demande est rédigée sur timbre, sous forme de requête adressée au ministre de l'intérieur. Elle contient l'exposé des faits qui la motivent, l'indication des nom, prénoms et domicile de l'intéressé. Elle est revêtue de sa signature légalisée et déposée par lui ou son mandataire à la préfecture du département où est situé l'établissement congréganiste dont il faisait partie. Elle peut être accompagnée de pièces justificatives.

Il en est donné récépissé, daté et signé avec indication, s'il y a lieu des pièces jointes.

Toute requête qui ne sera pas présentée dans les conditions susindiquées ne sera pas recevable.

ART. 8. — Le préfet demande successivement à l'évêque, au directeur des domaines et au liquidateur leurs avis respectifs. Il les joint à la requête et à ses annexes. Il transmet le tout au vice-président du Conseil de préfecture ; ce magistrat examine la régularité de l'instruction, la valeur des pièces produites, provoque au besoin un complément d'information et formule, s'il y a lieu, ses propositions quant à la quotité de l'allocation.

Les attributions conférées par le présent article au préfet et au vice-président du Conseil de préfecture sont exercées, à Paris, par le préfet de la Seine et par un membre du Conseil de préfecture.

ART. 9. — Le dossier ainsi constitué est transmis par le préfet, avec son avis, au ministre de l'intérieur.

Lorsque toutes les demandes formées par les membres d'une même Congrégation sont instruites, ce ministre les soumet, avec l'avis du ministre des finances, à l'examen de la section des finances du Conseil d'Etat.

Sur le vu de l'avis de la section, le ministre arrête la somme maximum pouvant être attribuée à chaque Congréganiste.

Dans le cas où les ressources de la liquidation ne permettraient pas le payement intégral de toutes ces allocations, le ministre répartit le montant des fonds disponibles entre les intéressés au prorata des sommes portées sur l'arrêté.

Cette répartition ne devient définitive qu'après avoir reçu l'approbation du ministre des finances.

ART. 10. — Le ministre de l'intérieur notifie à chaque intéressé :

1º Le montant de la somme qui lui est attribuée à titre d'allocation ;

2º Le montant de celle qui lui est attribuée à titre de provision ;

3e. Le mode de réglement soit en capital soit en rente viagère.

Il lui délivre sur la Caisse des dépôts et consignations soit un mandat de payement si l'allocation doit être versée en espèces, soit un mandat d'emploi si elle doit être convertie en rente viagère conformément à la dernière disposition de l'article 6 du présent règlement.

L'un et l'autre de ces mandats sont contresignés par le ministre des finances.

ART. 11. — Lorsque le reliquat de l'actif net est définitivement fixé, le ministre procède, en faveur des congréganistes qui n'ont reçu qu'une provision, à une nouvelle répartition dans la forme ci-dessus indiquée, jusqu'à concurrence de l'actif disponible ou de la somme qui leur reste due.

ART. 12. — Lorsque toutes les opérations de la liquidation sont terminées, le liquidateur adresse au ministre de l'intérieur et au ministre des finances la copie de ses comptes et l'extrait du jugement qui les homologue.

ART. 13. — Les décisions ministérielles prises par application des dispositions contenues dans le présent chapitre ne peuvent être attaqués que pour excès de pouvoir.

ART. 14. — Le ministère de l'intérieur est chargé de l'exécution du présent décret qui sera publié au *Journal officiel* et inséré au *Bulletin des lois*.

Fait à Rambouillet, le 16 août 1901.

Emile LOUBET.

Par le Président de la République :

Le ministre de l'intruction publique et des beaux-arts, chargé par intérim du ministère de l'intérieur et des cultes,

Georges LEYGUES.

Circulaire du Ministre de la Justice

Paris, le 24 septembre 1901.

Monsieur le Procureur général,

La loi du 1er juillet 1901 relative au contrat d'association, promulguée le 2 juillet dernier, accorde aux Congrégations religieuses non autorisées ou reconnues un délai de trois mois pour justifier qu'elles ont fait les diligences nécessaires en vue de se conformer aux prescriptions légales. Ce délai expirera le 3 octobre prochain.

Les Congrégations qui ne pourront, à cette date, faire cette justification, tomberont sous le coup des dispositions pénales de la loi, si elles ne se sont pas dispersées. D'autre part, dispersées ou non, il y aura lieu de faire procéder, au point de vue civil, à leur liquidation, dans les conditions prévues par la loi.

Le ministère public devra sans aucun retard saisir de ses réquisitions, suivant les hypothèses, la juridiction correctionnelle ou la juridiction civile.

Afin d'assurer l'unité d'action du ministère public, je crois devoir résumer les principales règles dont les parquets devront s'inspirer.

Je ne puis prévoir toutes les difficultés qui se présenteront ; il vous appartiendra de compléter, le cas échéant, mes instructions, et de guider ceux de vos substituts qui auraient des hésitations sur la portée de la loi du 1er juillet 1901 ou sur le caractère et l'étendue des attributions que cette loi leur confère.

I

POURSUITES CORRECTIONNELLES.

L'article 18 de la loi du 1er juillet 1901 dispose que les Congrégations existantes au moment de la promulgation de la loi, qui ne justifieraient pas de l'accomplissement dans le délai de trois mois des diligences nécessaires seront réputées dissoutes de plein droit.

La dissolution, dans ce cas, découle de la loi même ; il n'y a pas lieu de la faire déclarer par les tribunaux.

Cet article 18 accorde aux intéressés un délai de trois mois pour régulariser leur situation.

S'ils se conforment à ces dispositions, ils échappent à toute répression pour le passé.

S'ils ne s'y conforment pas, ils constituent, à partir du 3 octobre, une Congrégation non autorisée, puisque, malgré la dissolution *de plano* prononcée par l'article 18, ils continuent à vivre en commun.

Il y aurait donc lieu non pas de dissoudre une telle Congrégation, ce qui est souverainement fait par la loi, mais de la faire déclarer illicite dans les termes de l'article 16, et de faire appliquer à ses membres les peines portées aux paragraphes 2 et 3 de cet article.

Cet article 16 est ainsi conçu :

« Toute Congrégation formée sans autorisation sera déclarée illicite. Ceux qui en auront fait partie seront punis des peines édictées à l'article 8, paragraphe 2. Les peines applicables aux fondateurs ou administrateurs seront portées au double. »

Dans sa généralité, il s'applique aussi bien aux associations formées sans autorisation depuis la promulgation de la loi qu'aux associations qui, formées avant cette loi, n'auraient pas obtenu, depuis cette loi, l'autorisation nécessaire. Les unes et les autres sont, à partir du 3 octobre, dans une situation identique au point de vue pénal ; les unes et les autres constituent la même illégalité ; elles sont également illicites.

Le devoir du parquet est de leur appliquer le même traitement et de les poursuivre devant la juridiction correctionnelle pour leur faire appliquer les peines fixées par l'article 16.

Le délit prévu par cet article comprend deux éléments, et pour la justification de sa poursuite le parquet devra prouver : 1° que la Congrégation formée ou continuant d'exister depuis la loi du 1ᵉʳ juillet 1901 est non autorisée et, par conséquent illicite ; 2° que l'inculpé a fait partie de cette Congrégation.

Ces deux éléments du délit seront soigneusement constatés, soit dans les procès-verbaux dressés, soit au cours de l'information qu'il pourrait être nécessaire d'ouvrir.

Le premier sera facilement établi, en cas de contestation, par les renseignements que l'autorité administrative fournira, sur leur demande, aux magistrats. La constatation du second sera l'œuvre de l'information quand elle ne résultera pas de procès-verbaux dressés par un officier de police judiciaire.

Un autre délit est visé par la loi du 1ᵉʳ juillet 1901 dans son article 14.

Il a pour but d'interdire à un membre d'une Congrégation religieuse non autorisée : *a)* de diriger soit directement, soit par personne interposée, un établissement d'enseignement de quelque ordre qu'il soit ; *b)* ou d'y donner l'enseignement.

Dans le premier cas prévu, on demandera à la fois contre le délinquant l'application de la peine et la fermeture de l'établissement.

Dans la seconde hypothèse, c'est-à-dire au cas où le membre appartenant à une Congrégation non autorisée donne l'enseignement dans un établissement dont il n'a pas la direction, il y a lieu de poursuivre, en même temps que le délinquant, et selon les circonstances, le directeur de l'établissement comme coauteur ou complice du délit et de faire prononcer contre lui la fermeture de l'établissement.

Peut-être peut-on prévoir que certains membres de Congrégations dissoutes par la loi chercheront à éluder ses prescriptions en se disant désormais sécularisés.

Nous verrons plus loin qu'une pareille transformation serait sans portée au point de vue civil et ne saurait faire obstacle à la liquidation ordonnée par la loi.

Pour changer subitement une Congrégation illicite en une association légale, il ne suffirait pas de transformer une modalité quelconque de sa vie extérieure. Vous ne laisserez pas tourner la loi avec cette facilité. D'ailleurs, quand les mêmes hommes seront restés dans la même maison pour y poursuivre la même communauté d'existence et s'y livrer aux mêmes œuvres, vous n'aurez pas d'effort à faire pour montrer, sous l'ajustement des détails improvisés, la persistance manifeste de la Congrégation frappée par la loi.

Au surplus, à quelle date la prétendue transformation se serait-elle opérée ?

Si elle s'est effectuée postérieurement à la promulgation de la loi, elle n'est intervenue qu'à un moment où le délit était déjà consommé et constant: elle ne saurait donc faire obstacle à sa répression.

La poursuite des délits prévus par la loi du 1er juillet 1901 aura lieu sur citation directe, s'il est possible, ou après information, s'il est nécessaire ; mais, à raison du caractère de ces infractions, la procédure de flagrant délit prévue par la loi du 20 mai 1863 ne devra jamais être suivie.

II

LIQUIDATION. — PROCÉDURE DEVANT LES TRIBUNAUX CIVILS. ATTRIBUTIONS DES PARQUETS.

Au point de vue de la dissolution des Congrégations non autorisées, deux hypothèses sont à prévoir :

a) Congrégations non autorisées existantes au moment de la promulgation de la loi — elles sont réputées dissoutes de plein droit (art. 18); c'est la loi qui prononce, comme nous l'avons vu, leur dissolution ; *b)* Congrégations autorisées, mais dissoutes dans les conditions de l'article 13 — leur dissolution résulte du décret délibéré en conseil des ministres.

Il faut en conclure que la dissolution des Congrégations autorisées ou non ne peut, dans aucun cas, donner lieu à un jugement de dissolution.

En toute hypothèse, la Congrégation non autorisée ou à laquelle l'autorisation a été retirée est illicite (art. 16).

Elle n'a pas d'existence juridique ; il n'y a pas lieu de faire prononcer par un tribunal sa dissolution, qui est le fait de la loi ou le fait de la loi et du gouvernement.

Cela résulte du texte de la loi et aussi de cette circonstance que le Sénat a repoussé l'amendement de M. le sénateur Tillaye, qui proposait de faire prononcer la dissolution par jugement.

Il n'y aura donc qu'à faire procéder à la liquidation des Congrégations non autorisées ou dissoutes par décret.

PROCÉDURE POUR OBTENIR LA NOMINATION DU LIQUIDATEUR DES CONGRÉGATIONS NON AUTORISÉES OU DISSOUTES PAR DÉCRET.

Cette nomination sera demandée par le ministère public par une requête en chambre du conseil. Cela résulte à la fois de la loi et du caractère de la mesure sollicitée.

L'article 18, qui dit que la nomination du liquidateur aura lieu à la requête du ministère public, ne prescrit pas d'appeler les intéressés.

Il serait d'ailleurs impossible de le faire, car ces intéressés sont inconnus. Comment savoir, autrement que par la liquidation, à qui reviendra tout ou partie des biens parmi les catégories de revendications que la loi a créées au profit : 1° des congréganistes ayant apporté des biens ou en ayant hérité ; 2° des représentants des donateurs ; 3° des œuvres d'assistance en faveur desquelles des libéralités ont été faites ; 4° des congréganistes ayant droit particulier à un capital ou à une rente, comme étant dépourvus des moyens d'existence ; 5° des congréganistes ayant le même droit pour avoir contribué par leur travail à l'acquisition du patrimoine commun ; 6° des membres de la société pour la période où son existence aurait été reconnue en fait et en droit. Ces différents intéressés ne peuvent être connus qu'en cours de liquidation et encore à la condition de se révéler d'eux-mêmes.

Le jugement à intervenir ne prononce pas une dissolution qui découle de la loi ; il désigne le liquidateur, mandataire nécessaire qui aura pour mission de conserver, puis de réaliser les biens pour le compte de tous les ayants droit.

L'article 18 ordonne la publication du jugement nommant le liquidateur, ce qui suppose que les intéressés n'en ont pas directement connaissance.

Loin de préjudicier aux droits des intéressés qui demeurent expressément réservés, la nomination du liquidateur leur donne les moyens de les faire valoir.

En effet, le liquidateur une fois nommé, c'est contre lui qu'ils pourront intenter toutes instances en vue de faire triompher toutes revendications.

Le jugement qui nomme le liquidateur ne juge aucune question de fait ni de droit au préjudice de personne.

Il est donc hors de doute que la nomination du

liquidateur doit être demandée par requête en chambre du conseil.

Pour en finir sur ce point, je vous signale une confusion possible et qu'il faut éviter.

L'article 28 du premier décret du 16 août 1901 dit que les actions en nullité ou dissolution sont introduites au moyen d'une assignation donnée à ceux qui sont chargés de la direction ou de l'administration de la Congrégation. Il ne s'agit ici que des Congrégations autorisées contre lesquelles le ministère public poursuit l'action prévue par l'article 17 de la loi de 1901 et par les articles 5 et 7 de la dite loi.

CONGRÉGATIONS AYANT LEUR SIÈGE PRINCIPAL EN FRANCE.

Il y aura lieu à nomination d'un liquidateur unique, encore qu'il y ait plusieurs établissements. Le tribunal compétent sera celui du siège principal (second décret du 16 août 1901).

CONGRÉGATIONS AYANT LEUR SIÈGE PRINCIPAL A L'ÉTRANGER ET PLUSIEURS ÉTABLISSEMENTS EN FRANCE.

Le défaut de siège principal en France obligera-t-il à demander autant de liquidateurs qu'il y aura d'établissements?

Non, assurément. Cela serait contraire aux principes de la loi et rendrait inapplicables les dispositions mêmes qu'elle a édictées pour la liquidation.

La loi de 1901 considère la Congrégation comme formant un seul tout, encore qu'elle ait des établissements divers (article 1er de la loi du 1er juillet 1901 et second décret du 16 août 1901).

C'est une loi de sûreté et de police; elle crée des obligations ou des droits pour les seuls congréganistes établis en France.

Elle ne peut recevoir aucune application aux membres de la Congrégation établis à l'étranger.

Le fait d'un siège permanent à l'étranger ne peut rien changer à ces principes.

Mais il y a mieux; si l'on nommait autant de liquidateurs qu'il y a d'établissements, on porterait la plus grave atteinte aux droits consacrés par la loi en matière de liquidation. Exemple : Un congréganiste attaché pendant de nombreuses années à un établissement a contribué par son travail à son acquisition ; mais, au moment de la promulgation de la loi, il est attaché à un nouvel établissement. Si l'on opère deux liquidations distinctes, il sera fustré. Les biens donnés en faveur d'une œuvre d'assistance pourront dépendre d'un établissement autre que celui où l'œuvre d'assistance est installée.

Il y aura donc une seule liquidation pour chaque Congrégation.

La nomination du liquidateur unique, en l'absence d'un siège principal en France, pourra être demandée à tout tribunal dans le ressort duquel se trouve l'un des établissements.

On objecterait en vain, que les directeurs de la Congrégation étant à l'étranger, aucun des directeurs des établissements n'a qualité pour représenter l'ensemble de la Congrégation. Cet argument est sans portée après ce que nous avons dit de la nomination du liquidateur sur simple requête.

D'ailleurs, la Congrégation n'est pas intéressée à la liquidation, mais seulement les congréganistes individuellement et avec des droits particuliers et différents ainsi que les tiers visés par la loi.

Nous avons vu que tous les droits sont réservés par le jugement qui nomme un liquidateur.

Comme les tiers, comme les congréganistes considérés individuellement, la Congrégation ayant son siège à l'étranger si elle croit avoir des revendications à faire valoir, intentera une instance contre le liquidateur. Le tribunal qui l'aura nommé dira si cette revendication est recevable ou fondée, et, cette fois, la décision sera contradictoire.

Enfin, si l'on nommait autant de liquidateurs qu'il y a d'établissements, on augmenterait les frais de liquidation dans des proportions énormes.

Pour toutes ces raisons, il y aura lieu, dans l'espèce considérée, de ne demander que la nomination d'un seul liquidateur.

Si les établissements de la Congrégation se trouvaient répandus sur le territoire de plusieurs ressorts de cour d'appel, vous m'en référeriez, et je vous indiquerais, pour ce cas seulement, le tribunal qu'il conviendrait de saisir en vue d'éviter des actions multiples.

REQUÊTE POUR LA NOMINATION DU LIQUIDATEUR.

Le liquidateur est choisi et nommé par justice ; mais il tient ses pouvoirs de la loi et non du tribunal qui n'aura ni à spécifier, ni à limiter d'aucune façon ses pouvoirs.

La requête devra désigner clairement la Congrégation.

Elle évitera une énumération limitative des établissements, qui ne serait pas sans danger.

Elle conclura, dans tous les cas, à l'inventaire et à l'apposition des scellés quand il y aura lieu. Elle sera d'ailleurs rédigée conformément au modèle annexé.

JUGEMENT. — PUBLICATION.

Le jugement sur la requête tendant à la nomination du liquidateur sera toujours rendu en audience publique.

Il sera publié *in extenso*, précédé de la requête du ministère public.

Cette publication sera faite dans un journal de l'arrondissement du tribunal qui a rendu le jugement et dans un journal de chaque arrondissement où la Congrégation dissoute aurait un établissement.

RECOURS.

Si, par impossible, le tribunal de première instance ne faisait pas droit à la requête tendant à la nomination du liquidateur, vous voudrez bien m'en référer immédiatement et vous pourvoir par les voies de droit.

ACTES ACCOMPLIS EN FRAUDE DE LA LOI, DU 2 JUILLET AU 3 OCTOBRE 1901.

Il appartiendra au liquidateur de rechercher les actes de ventes ou de dispositions quelconques faits en vue d'éluder la loi, et d'en poursuivre la nullité.

Il le fera dans l'intérêt des tiers dont il est le représentant et dans l'intérêt de l'Etat.

Le ministère public suivra les litiges qui seront engagés à cette occasion avec une particulière vigilance et dans l'intérêt de l'ordre public.

Partie jointe quand il ne sera pas partie principale, il aura toujours à conclure et à prendre des réquisitions.

Toute liquidation tentée par la Congrégation dans la période du 2 juillet au 3 octobre serait nulle comme faite en contradiction avec la loi au préjudice des droits qu'elle a consacrés au profit des congréganistes, des œuvres de bienfaisance, des tiers donateurs.

Seraient atteints de la même nullité tous actes ayant eu pour objet de dissimuler une propriété de la Congrégation sous le nom d'un tiers.

Nulle aussi la vente consentie à un tiers qui connaissait l'origine du bien vendu et qui le savait occupé, exploité, détenu par une Congrégation.

Dans toutes les instances soulevées à cette occasion, vous n'oublierez pas que, même comme partie jointe, le ministère public a le droit d'appel et de pourvoi, car il pourra toujours y être partie principale.

Il sera bon d'en laisser l'initiative au liquidateur; mais, s'il défaillait à son devoir, vos substituts ne devraient pas manquer de déférer les litiges à la juridiction supérieure toutes les fois qu'une atteinte serait portée aux principes posés par le législateur pour la liquidation des Congrégations non autorisées et aux droits très respectables qu'il a consacrés.

Nous avons vu, en étudiant les délits visés par la loi du 1er juillet 1901, que l'on pouvait prévoir que certaines Congrégations tenteraient peut-être de tourner cette loi en se disant désormais sécularisées.

Nous avons indiqué ce que vaudrait un pareil moyen au point de vue pénal.

Au point de vue civil, il serait sans aucune portée.

En effet, dût-on admettre, par pure concession de raisonnement, que subitement tous les membres d'une Congrégation soient devenus séculiers, on serait, dès lors, à partir de cette transformation, en face d'une association nouvelle pouvant peut-être échapper à la loi pour l'avenir; mais cette association nouvelle n'aurait pas le droit de continuer la Congrégation illicite antérieure, dissoute par la loi, et il serait toujours nécessaire d'en faire la liquidation pour le passé, suivant les règles posées à l'article 18 de la loi du 1er juillet 1901.

La requête à fin de nomination du liquidateur pourra être rédigée dans les termes suivants :.

*A Messieurs les Président et Juges
composant le tribunal de première instance de ...*

Le Procureur de la République a l'honneur d'exposer :

Que l'association connue sous le nom de..., Congrégation religieuse non autorisée, dont la maison-mère (ou dont un établissement) est située à..., dans le ressort de ce tribunal, ne s'est pas conformée dans les délais voulus aux prescriptions de la loi du 1er juillet 1901 (ou bien s'est vue refuser l'autorisation qu'elle sollicitait) ; qu'aux termes de l'article 18, § 2, de la dite loi, elle est réputée dissoute de plein droit depuis le... ; qu'il y a donc lieu de procéder, conformément au dit article, à la liquidation en justice de tous les biens détenus par elle soit au siège de la maison-mère, soit au siège des divers établissements relevant d'elle ; qu'il convient de confier à un même administrateur-séquestre la liquidation des dits biens dans leur ensemble ; qu'il y a donc lieu, conformément au dit article, de procéder à la liquidation des biens détenus en France par la dite Congrégation dans ses divers établissements ; qu'il convient de confier à un même administrateur-séquestre la liquidation des dits biens dans leur ensemble.

Par ces motifs,

Vu les articles 13, 16 et 18 de la loi du 1er juillet 1901 ;

Vu le décret du 16 août 1901, pris en exécution de cette loi ;

Le soussigné requiert qu'il vous plaise :

Nommer M. ...., ou telle autre personne qu'il vous plaira désigner, administrateur-séquestre et liquidateur des biens de la Congrégation dite.........
(1er *cas*), tant des biens situés et détenus au siège de la

maison-mère, à........., que de ceux détenus par la dite Congrégation en France, dans ses divers établissements (2° *cas*) ; situés et détenus dans l'arrondissement de........., et de ceux détenus par elle en France dans ses divers établissements, avec tous les pouvoirs que lui confèrent la loi et le décret précités ;

Dire que le présent jugement sera publié par les soins du ministère public, au moyen d'une insertion dans le journal le......... *(et s'il y a lieu)* dans les journaux désignés pour recevoir les insertions légales dans les arrondissements de.........

Fait au parquet, le.........

Recevez, Monsieur le Procureur général, l'assurance de ma considération très distinguée.

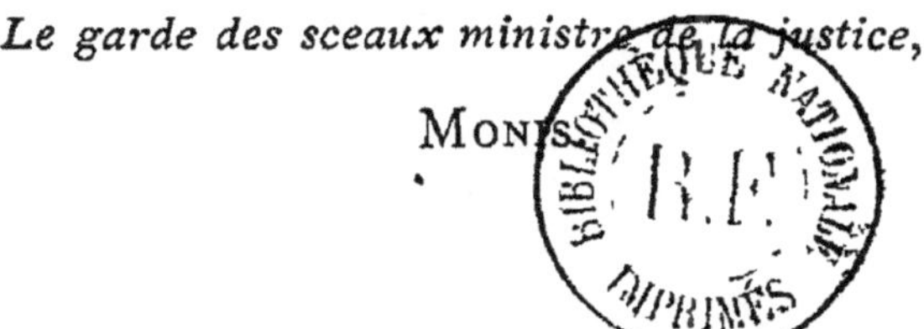

Le garde des sceaux ministre de la justice,

Monis

Versailles. — Henry LEBON, imprimeur-éditeur de l'Évêché, 17, rue du Potager.